LA VÉRITÉ

SUR LE 16 MAI

PAR

ÉDOUARD GUILLEMIN

Rédacteur en chef de l'Abeille franc-comtoise

————

RURAUX, ON VOUS TROMPÉ !

EN VENTE

À LA BIBLIOTHÈQUE NAPOLÉONIENNE

HENRI GUÉRARD, ÉDITEUR
Rue de Rivoli, 156, à Paris

À LA RÉDACTION DE L'*ABEILLE FRANC-COMTOISE*
Grande-Rue, 49, à Besançon

1877

La brochure **la Vérité sur le 16 Mai** se trouve dans les bureaux de l'*Abeille franc-comtoise*, Grande-Rue, 49, à Besançon, et à la *Librairie Napoléonienne*, rue de Rivoli, à Paris, où l'on peut se la procurer :

PRIX :

L'exemplaire . . . . »^{fr.}**10**
Le cent. . . . . **8** »
Le mille. . . . . **50** »

LA

VÉRITÉ SUR LE 16 MAI

❖

RURAUX, ON VOUS TROMPE !

Oui, on vous trompe ; on vous trompe tous les jours, on vous abuse, on vous exploite, on se joue de vous, et lorsque l'on croit vous avoir convaincu et gagné, on se moque de votre crédulité, on ricane de votre confiance, puis, entre deux hoquets, ces beaux orateurs de carrefours s'en vont partout proclamer à son de trompe que le Pays entier est avec eux, que les campagnes sont prêtes à se soulever pour manifester contre l'acte de salut accompli le 16 mai par le maréchal de Mac-Mahon.

Voilà, braves, honnêtes, laborieuses, sages populations de nos campagnes, par quels moyens ces hommes de débauche, ces tristes héros de la honte nationale, ces fous furieux de la démagogie, essaient de compromettre votre patriotisme et votre honneur même. Ils sentent que fatalement ils sont tombés sous la réprobation, devant le dégoût que, depuis trop longtemps, ils inspirent au parti des honnêtes gens, c'est-à-dire au parti auquel vous appartenez tous. C'est pourquoi ils veulent faire de vous leurs complices. Mais vous les connaissez, ces hommes, ces hideuses figures qui, par leurs discours mensongers et par leurs journaux, jettent l'épouvante dans le sein de vos familles, font pleurer vos femmes et vos filles; ils n'hésitent même pas d'inquiéter votre vieillesse en vous parlant de la guerre qui doit prochainement vous ravir vos fils. Eh bien! ces hommes, vous le savez, ce sont les mêmes que vous avez vus à l'œuvre le 4 septembre 1870 et le 18 mars 1871!...

On les reconnaît à l'œil, on les sent au nez et on cache sa bourse.

Nous savons l'inquiétude profonde qu'a jetée un instant parmi vous l'orgie furibonde à laquelle se livrent depuis le 16 mai les accolytes de ces députés factieux qui ont cherché dans un manifeste ridicule à faire échec au Message si plein de patriotisme et de sagesse que

M. le Maréchal-Président a fait lire aux Chambres.

Des hommes sans conscience ni parole viennent, avec l'effronterie qui les distingue, vous parler d'une guerre certaine avec l'Italie et avec l'Allemagne. Ils savent qu'ils mentent; mais que leur importe : c'est leur métier! Que leur importe de troubler la sécurité du Pays, de compromettre vos intérêts? Ce qu'ils veulent c'est faire des dupes qui, dans leurs idées, doivent servir plus tard leurs ambitions personnelles.

La révocation du ministère présidé par M. Jules Simon nous a assuré LA PAIX;

Le Message du duc de Magenta est également un gage DE PAIX;

Dans sa lettre à M. le duc Decazes, le Maréchal a affirmé LA PAIX;

Et le ministère choisi par le Président de la république est surtout et avant tout un ministère DE PAIX.

Lettre du maréchal de Mac-Mahon à M. Jules Simon.

Monsieur le président du conseil,

Je viens de lire dans le *Journal officiel* le compte-rendu de la séance d'hier.

J'ai vu avec surprise que ni vous ni M. le garde les sceaux n'aviez fait valoir à la tribune toutes les graves raisons qui auraient pu prévenir l'abrogation d'une loi sur la presse votée, il y a moins de deux ans, sur la proposition de M. Dufaure, et dont, tout récemment, vous demandiez vous-même l'application aux tribunaux; et cependant, dans plusieurs délibérations du conseil et dans celle d'hier matin même, il avait été décidé que le président du conseil, ainsi que le garde des sceaux, se chargeraient de la combattre.

Déjà on avait pu s'étonner que la Chambre des députés, dans ses dernières séances, eût discuté toute une loi municipale, adopté même quelques dispositions dont, au conseil des ministres, vous avez vous-même reconnu tout le danger, comme la publicité des conseils municipaux, sans que le ministre de l'intérieur eût pris part à la discussion.

Cette attitude du chef du cabinet fait demander s'il a conservé sur la Chambre l'influence nécessaire pour faire prévaloir ses vues.

Une explication à cet égard est indispensable, car, si je ne suis pas responsable comme vous envers le Parlement, j'ai une responsabilité envers la France, dont aujourd'hui plus que jamais je dois me préoccuper.

Agréez, Monsieur le président du conseil, l'assurance de ma haute considération.

Le Président de la république,
Maréchal DE MAC-MAHON.

Lorsque, le 16 mai, le Maréchal a envoyé la lettre qu'on vient de lire au président du conseil, il a obéi à des considérations d'une gravité extrême. Toutes les puissances voisines sont en monarchie, toutes jouissent d'un calme parfait et d'une prospérité qui s'accroît tous les jours. Les empereurs et les rois de ces États voisins ne voyaient donc point sans une certaine inquiétude le gouvernement de la France entre les mains de ministres qui, chaque jour, inclinaient davantage du côté de la gauche radicale, c'est-à-dire du côté de la Commune. Et ces chefs d'États ont pensé avec raison que si un mouvement communaliste venait à éclater en France, — ce qui était inévitable, — ce mouvement aurait son contre-coup dans les pays voisins. Le Maréchal a été informé de ces inquiétudes légitimes et, par un acte énergique, il a brisé un cabinet qui nous exposait sous peu à avoir à lutter contre une coalition européenne, à soutenir une guerre terrible, ruineuse, sans merci, qui nous conduirait tout droit au démembrement de notre Patrie.

La dissolution inattendue du cabinet Jules Simon nécessitait de la part du chef de l'État une explication catégorique et loyale. M. le Maréchal-Président n'a point manqué à ce devoir, et voici dans quels termes il a cru devoir exposer au Sénat, à la Chambre des députés et au Pays, les motifs qui l'avaient poussé à se séparer de conseillers dangereux, et la politique qu'il entendait suivre à l'avenir.

MESSAGE

Lu, au nom du maréchal de Mac-Mahon, au Sénat par M. le président du conseil, et à la Chambre des députés par M. le ministre de l'intérieur.

Messieurs les sénateurs,
Messieurs les députés,

J'ai dû me séparer du ministère que présidait M. Jules Simon et en former un nouveau. Je dois vous faire l'exposé sincère des motifs qui m'ont amené à prendre cette décision.

Vous savez tous avec quel scrupule, depuis le 25 février 1875, jour où l'Assemblée a donné à la France une Constitution républicaine, j'ai observé, dans l'exercice du pouvoir qui m'est confié, toutes les prescriptions de cette loi fondamentale. Après les élections de l'année dernière, j'ai voulu choisir pour ministres des hommes que je supposais être en accord de sentiments avec la majorité de la Chambre des députés. J'ai formé dans cette pensée successivement deux ministères.

Le premier avait à sa tête M. Dufaure, vétéran de

nos Assemblées politiques, l'un des auteurs de la Constitution, aussi estimé pour la loyauté de son caractère qu'illustre par son éloquence. M. Jules Simon, qui a présidé le second, attaché de tout temps à la forme républicaine, voulait, comme M. Dufaure, la concilier avec tous les principes conservateurs.

Malgré le concours loyal que je leur ai prêté, ni l'un ni l'autre de ces ministères n'a pu réunir, dans la Chambre des députés, une majorité acquise à ses propres idées.

M. Dufaure a vainement essayé, l'année dernière, dans la discussion du budget, de prévenir des innonovations qu'il regardait justement comme très-fâcheuses. Le même échec était réservé au président du dernier cabinet sur des points de législation très-graves, au sujet desquels il était tombé d'accord avec moi qu'aucune modification ne devait être admise.

Après ces deux tentatives également dénuées de succès, je ne pourrais faire un pas de plus dans la même voie sans faire appel ou demander appui à une autre fraction du parti républicain, celle qui croit que la république ne peut s'affermir sans avoir pour complément et pour conséquence la modification radicale de toutes nos grandes institutions administratives, judiciaires, financières et militaires.

Ce programme est bien connu. Ceux qui le professent sont tombés d'accord sur tout ce qu'il contient. Ils ne diffèrent entre eux que sur les moyens appropriés et le temps opportun pour l'appliquer.

Ni ma conscience, ni mon patriotisme ne me permettent de m'associer, même de loin et pour l'avenir, au triomphe de ces idées. Je ne les crois opportunes ni pour demain, ni pour aujourd'hui. A quelque époque qu'elles dussent prévaloir, elles n'engendreraient que le désordre et l'abaissement de la France.

Je ne veux ni en tenter l'application moi-même, ni en faciliter l'essai à mes successeurs. Tant que je serai dépositaire du pouvoir, j'en ferai usage dans toute l'étendue de ses limites légales pour m'opposer à ce que je regarde comme la perte de mon Pays.

Mais je suis convaincu que le Pays pense comme moi.

Ce n'est pas le triomphe de ces théories qu'il a voulu aux élections dernières. Ce n'est pas ce que lui ont annoncé ceux (c'étaient presque tous les candidats) qui, se prévalant de mon nom, se déclaraient résolus à soutenir mon pouvoir; s'il était interrogé de nouveau, et de manière à prévenir tout malentendu, il repousserait, j'en suis sûr, cette confusion.

J'ai donc dû choisir, et c'était mon droit constitutionnel, des conseillers qui pensent comme moi sur ce point, qui est en réalité le seul en question.

Je n'en reste pas moins, aujourd'hui comme hier, fermement résolu à respecter et à maintenir les institutions qui sont l'œuvre de l'Assemblée de qui je tiens le pouvoir et qui ont constitué la république.

Jusqu'en 1880, je suis le seul qui pourrais proposer d'y introduire un changement, et je ne médite rien de ce genre. Tous mes conseillers sont comme moi, décidés à pratiquer loyalement les institutions et incapables d'y porter aucune atteinte.

Je livre ces considérations à vos réflexions comme au jugement du Pays.

Pour calmer l'émotion qu'ont causé les derniers incidents, je vous inviterai à suspendre vos séances pendant un certain temps. Quand vous les reprendrez, vous pourrez vous mettre, toute autre affaire cessante, à la discussion du budget, qu'il est si important de mener bientôt à terme.

D'ici là, mon gouvernement veillera à la paix publique.

Au dedans, il ne souffrirait rien qui la compromette.

Au dehors, elle sera maintenue, j'en ai la confiance, malgré les agitations qui troublent une partie de l'Europe, grâce aux bons rapports que nous entretenons et voulons conserver avec toutes les puissances, et à cette politique de neutralité et d'abstention qui vous a été exposée tout récemment et que vous avez confirmée par votre approbation unanime. Sur ce point, aucune différence d'opinion ne s'élève entre les partis. Ils veulent tous le même but par le même moyen. Le nouveau ministère pense exactement comme l'ancien, et, pour bien attester cette conformité de sentiments, la direction de la politique étrangère est resté dans les mêmes mains.

Si quelques imprudences de paroles et de presse compromettaient cet accord que nous voulons tous, j'emploierais pour les réprimer les moyens que la loi met en mon pouvoir, et pour les prévenir je fais appel au patriotisme qui, Dieu merci, ne fait défaut en France à aucune classe de citoyens.

Les ministres vont vous donner lecture du décret qui, conformément à l'article 2 de la loi constitutionnelle du 15 juillet 1875, ajourne les Chambres pour un mois.

Maréchal DE MAC-MAHON,

DUC DE MAGENTA.

Peut-on parler en des termes plus patriotiques? Peut-on exposer plus clairement les motifs graves qui ont décidé le Maréchal à accomplir un acte énergique et nécessaire. Les députés factieux et les journaux à leurs ordres appellent l'évènement du 16 mai : un coup d'État. Nous, conservateurs de toutes nuances, qui ne rêvons, avant tout, que la prospérité et la gloire de notre Patrie, nous ne pouvons que saluer cette journée qui met la France à l'abri des aventures, — dont nul ne pouvait calculer le danger, — et dans lesquels nous menaient tout droit ces ministres impopulaires et probablement, nous l'espérons pour eux, inconscients des crimes de lèse-nation qu'ils allaient commettre.

Ce Message, conçu en des termes si énergiques et si dignes tout à la fois, n'a pas cependant rassuré complètement la Nation. Les députés de la gauche et de l'extrême gauche, se voyant perdus dans l'estime du Pays, ont continué, avec le concours de leurs partisans, cette propagande antipatriotique, ces menées infernales et criminelles qui, ainsi que je vous le dis plus haut, ont jeté l'épouvante dans vos familles.

Mais M. le maréchal de Mac-Mahon veille à la sécurité du Pays, comme il veille à vos intérêts personnels. Il a eu connaissance de ces manœuvres odieuses et infâmes, et il a voulu vous rassurer en adressant à son ministre des affaires étrangères, M. le duc Decazes, la lettre suivante :

Paris, 17 mai 1877.

Mon cher duc,

Les circonstances ne m'ont pas permis de conserver au pouvoir le cabinet dont vous faisiez partie.

Je veux cependant qu'il soit bien compris que j'entends maintenir avec les puissances étrangères les relations amicales et confiantes que vous avez su entretenir avec elles. Nulle atteinte ne doit y être portée, et rien ne doit être changé à la politique extérieure, que vous représentez si habilement et si dignement.

Je fais donc appel à votre patriotisme, et je vous prie de rester au poste où je vous ai rappelé il y a plus de trois années, aussi longtemps que vous ne pourriez l'abandonner sans dommage pour la chose publique.

Recevez, mon cher duc, la nouvelle assurance de mon sincère attachement.

Le Président de la république,

Maréchal DE MAC-MAHON,

DUC DE MAGENTA.

Et ce n'est pas la seule assurance du maintien de la paix que le Maréchal a tenu à donner au Pays depuis les actes accomplis le 16 mai.

Le 25 mai, il se rendait au Trocadéro, au milieu des ouvriers qui travaillent en ce moment à la construction du palais de l'Exposition. Et voici dans quels termes il s'est exprimé.

Messieurs, je suis venu pour mettre un terme aux inquiétudes qu'on essaie de répandre, par calcul politique, contre une entreprise nationale. J'ajoute que l'Exposition ne sera ni retardée, ni troublée, et que l'ouverture en aura lieu dans les conditions et à sa date fixées, c'est-à-dire le 1er mai 1878. Ce que j'ai voulu, ce que je veux fermement, c'est d'assurer la sécurité du travail, qui, seule, peut faire réussir cette grande entreprise.

Ces nobles paroles ont été accueillies par de nombreux cris de : Vive la France ! Vive Mac-

Mahon ! et la rentrée du chef de l'Etat à l'Elysée a été une ovation comme Paris n'en avait point vu depuis longtemps.

Le lendemain, 26 mai, le duc de Magenta, infatigable quand il s'agit de rassurer son pays, se transportait à Compiègne pour visiter le Concours régional qui se tenait dans cette ville. Un accueil chaleureux lui était réservé. Les habitants des campagnes, qu'on avait a peine eu le temps de prévenir, étaient arrivés en foule pour saluer celui qui, par un acte de vigueur, venait d'assurer la *paix* au Pays. On remarquait dans la foule empressée un grand nombre de conseillers généraux et presque tous les maires, adjoints et conseillers municipaux des communes du département de l'Oise. M. le maire de Compiègne, en recevant le Maréchal, lui a adressé les paroles suivantes :

Monsieur le Maréchal,

La ville de Compiègne est heureuse et fière de vous recevoir.

Votre présence au Concours régional est un honneur dont nous garderons le souvenir. Elle est en même temps un éclatant témoignage de l'intérêt que vous portez aux travaux de l'agriculture et de l'industrie.

En vous souhaitant la bienvenue, Monsieur le

Maréchal, je suis certain d'exprimer fidèlement les sentiments de populations laborieuses, dévouées à la cause de l'ordre et désireuses de marcher pacifiquement dans les voies du progrès et de la civilisation.

Le Maréchal a répondu :

Je suis heureux de pouvoir témoigner une fois de plus du vif intérêt que je porte aux progrès de l'agriculture et de l'industrie, mais je tiens en même temps à saisir cette occasion pour dire à tous, et spécialement à ceux qui travaillent, que l'acte politique que je viens d'accomplir doit les rassurer et les tranquilliser.

Il n'a d'autre but que de rendre à mon gouvernement la force dont il a besoin pour assurer la stabilité intérieure et la paix au dehors. Vous pouvez compter désormais sur ces bienfaits. La France ne se mêlera à aucune complication extérieure ; personne, en Europe, ne doute de ma parole, et j'en reçois chaque jour l'assurance.

Le 1er juillet, à la suite d'une imposante revue des troupes de la garnison de Paris, le Maréchal-Président adressa à l'armée l'ordre du jour qui suit :

Soldats,

Je suis satisfait de votre tenue et de la régularité

des mouvements que vous venez d'exécuter. Je connaissais, d'ailleurs, par les raports de vos chefs, le zèle et l'entrain que vous apportez dans tous les détails du service.

Oui, vous comprenez vos devoirs ; vous sentez que le Pays vous a remis la garde de ses plus chers intérêts. En toute occasion, je compte sur vous pour les défendre. Vous m'aiderez, j'en suis certain, à maintenir le respect de l'autorité et des lois dans l'exercice de la mission qui m'a été confiée et que je remplirai jusqu'au bout.

Maréchal DE MAC-MAHON,
DUC DE MAGENTA.

Paris, le 1er juillet 1877.

Les paroles énergiques et patriotiques prononcées par le chef de l'Etat produisirent une immense impression sur les populations, qui demandaient de nouveau à être rassurées.

Enfin, le maréchal de Mac-Mahon, voyant les actes de son gouvernement chaque jour attaqués par la presse démagogique, voulut encore une fois, pendant le voyage qu'il fit à Bourges, le 28 juillet, rassurer les conservateurs inquiets et timides.

A son entrée dans la ville de Bourges, le maire, à la tête du conseil municipal, adressa au Maréchal le discours de bienvenue que nous reproduisons :

Monsieur le Maréchal,

Vous avez voulu visiter notre département; je viens, au nom de tous, vous en remercier.

Nous sommes fiers et heureux de voir au milieu de nous celui que les représentants de la France ont choisi comme le plus digne pour remplir dans nos temps troublés le rôle suprême de ces anciens arbitres qui, en étendant vers la lice leurs bras respectés, faisaient cesser l'action et imposaient la trève.

Nos calmes et laborieuses populations, répondant à votre sollicitude, ont interrompu les travaux que nécessite une récolte abondante pour venir vous saluer.

C'est qu'elles comprennent la grandeur de la mission que vous avez acceptée et qu'elles savent que vous la remplirez jusqu'au bout.

Votre parole, cette parole dont personne en Europe ne doute, nous en est, en effet, un sûr garant : vous ne faillirez pas à votre noble tâche.

A l'extérieur, vous saurez assurer la paix en conservant avec l'étranger des relations amicales.

A l'intérieur, vous saurez maintenir l'ordre en guidant et en soutenant sans exception tous ceux qui, comme vous et avec vous, défendent les principes éternels sur lesquels cet ordre repose, principes qui se résument en ces deux mots, devise de toute votre vie ; *Dieu! Patrie!*

Soyez donc, Monsieur le Maréchal, le bienvenu dans cette vieille cité, qui s'accroît, prospère et se transforme. Vous pourrez, en la parcourant, constater par vous-même combien, malgré les progrès accomplis, l'efficace concours de votre gouvernement est encore nécessaire pour mener à bonne fin l'œuvre commencée, et préparer à la ville de Jacques Cœur un avenir qui soit digne de son long et de son glorieux passé.

Le Maréchal a répondu en ces termes :

« Monsieur le maire,

» Je suis heureux d'avoir pu visiter la ville de Bourges, et je me sens vivement touché de l'accueil que j'y reçois. J'en remercie ses habitants et le département du Cher tout entier. Vous m'apportez en son nom des témoignages de confiance qui me sont aujourd'hui particulièrement précieux. Ils m'encouragent à suivre la politique que vous venez de définir : à l'extérieur, maintenir la paix ; au dedans, marcher sur le terrain de la Constitution à la tête des hommes d'ordre de tous les partis ; les protéger, non-seulement contre les passions subversives, mais contre leurs propres entraînements ; réclamer d'eux qu'ils fassent trêve à leurs divisions pour écarter le radicalisme, qui est notre commun péril. Voilà mon but, je n'en ai jamais eu d'autres.

» On a accusé mes intentions et dénaturé mes actes ; on a parlé de relations extérieures compromises, de Constitution violée, de liberté de conscience menacée ; on est allé jusqu'à évoquer le fantôme de je ne sais quel retour aux abus de l'ancien régime, de je ne sais quelle influence occulte que l'on a appelée le gouvernement des prêtres.

» Ce sont là autant de calomnies. Le bon sens public en a déjà fait justice en France et à l'étranger. Elles ne me décourageront pas un instant. Elles ne m'empêcheront pas d'achever ma tâche, avec le concours des hommes qui auront été, dans le Pays, les auxiliaires dévoués de ma politique. J'ai la confiance, d'ailleurs, que la nation répondra à mon appel, et qu'elle voudra, par le choix de ses nouveaux mandataires, mettre fin à un conflit dont la prolongation ne pourrait que nuire à ses intérêts et entraver le développement pacifique de sa grandeur. »

Les grossières inventions d'adversaires sans bonne foi, disparaissent devant la loyauté de ce langage, où éclatent la protestation de l'honneur outragé et l'appel généreux d'une âme patriotique.

La France savait déjà que le programme du Maréchal c'est la paix, c'est la sécurité du travail, c'est l'essor des affaires, c'est la protection des intérêts. Mais il était urgent que ces vérités fussent proclamées solennellement, une fois de plus, au milieu des populations accourues avec empressement pour saluer le passage du glorieux et populaire maréchal Mac-Mahon.

Voilà ce qu'a été la journée du 16 mai, et quelles sont ses suites ? Un triomphe pour le parti de l'ordre, une défaite pour la Révolulution.

Et maintenant de quel droit ces députés révoltés qui prêchent la guerre civile dans des manifestes et dans des déclarations subversives viennent-ils vous parler du Pays et au nom du Pays, lorsqu'ils osent renier comme étant légales la mise en pratique des lois constitutionnelles.

Le Pays ! allons donc ; est-ce qu'il était avec eux lorsque, sans le consulter, ils décrétaient la guerre à outrance et qu'ils envoyaient vos enfants devant le feu de l'ennemi avec des fusils de fer-blanc et des souliers de cartons? Le Pays! est-ce qu'il était avec eux lorsqu'ils allaient se reposer, ripailler et se débaucher sous les frais ombrages de Saint-Sébastien, pendant que nous assistions tous aux luttes et aux catastrophes épouvantables qu'eux seuls avaient soudoyées?

Ah! les misérables, ils ne vous tromperont pas deux fois! Car vous vous rappelez, oui, vous vous rappelez.

Vous ne voudrez point passer deux fois par des épreuves aussi terribles que celles dont les auteurs sont ceux qui veulent encore essayer de tromper votre confiance.

Le Pays! ah! répondez-leur, honnêtes ruraux, que ce n'est pas en son nom qu'ils doivent parler, eux qui ont préparé la ruine et l'envahissement complet de quarante départements par leur politique imprévoyante et coupable; eux qui l'ont conduit aux bords de l'abîme vers lequel il penchait, lorsqu'il a été heureusement rejeté en arrière et protégé contre leurs audaces par les mains du noble et vaillant soldat qu'ils outragent aujourd'hui.

Rassurez-vous donc, braves amis; le calme dont nous jouissons à l'heure actuelle est dû exclusivement à la confiance universelle qu'inspirent le maréchal de Mac-Mahon et les hommes éminents dont il a fait ses conseillers intimes et les collaborateurs de sa politique sage et pacifique.

Et soyez bien persuadés que le gouvernement est décidé à mettre un terme à ces audaces qui déconcertent le Pays et compromettent tous ses intérêts. Il faut qu'on sache que nul n'est assez puissant pour se mettre au-dessus de la loi, et que les calomnies odieuses dont est l'objet la politique du ministère seront déférées aux tribunaux.

Ne vous y laissez pas tromper, le gouvernement inauguré le 16 mai, c'est la *Paix*.

LES NOUVEAUX MINISTRES.

Voici quelques lignes biographiques sur les hommes composant le ministère formé le 18 mai :

M. le duc de Broglie,
Président du conseil, ministre de la justice.

M. de Broglie (Jacques-Victor-Albert, duc de) est né à Paris le 13 juin 1821. C'est un défenseur ardent des principes de libéralisme constitutionnel. Aux élections du 8 février 1871, M. de Broglie fut nommé député de l'Eure par 45,453 suffrages. Le 19 du même mois, il fut nommé ambassadeur à Londres. M. de Broglie a déjà fait partie du ministère formé après le 24 mai. D'une éloquence élevée, le président du conseil saura défendre avec fermeté la politique nouvelle qui va être suivie.

M. de Fourtou,
Ministre de l'intérieur.

M. de Fourtou (Oscar Bardy de) est âgé de 41 ans. Avocat, ancien sous-préfet de Ribérac sous l'Empire, il fut envoyé à l'Assemblée nationale aux élections du 8 février 1871 par le département de la Dordogne, avec 77,000 suffrages. Il a été ministre des travaux publics depuis le 7 décembre 1872 jusqu'au 18 mai 1873. Le 20 novembre 1873, il prenait le portefeuille de l'instruction publique et des cultes. Au 23 mai 1874, il remplaça M. de Broglie au ministère de l'intérieur, et donna sa démission le 19 juillet de la même année.

M. de Fourtou est un homme énergique, appelé à rendre de grands services au Pays dans la situation actuelle.

M. le duc Decazes,
Ministre des affaires étrangères.

M. Decazes (Louis-Charles-Elie-Ananien, duc), élu le 5 mars 1876 député de la Seine, est né le 19 mai 1819. Diplomate de premier ordre, après le 24 mai, il fut nommé ambassadeur à Londres, puis, le 22 novembre 1873, ministre des affaires étrangères. Depuis ce moment il a conservé son portefeuille dans tous les cabinets qui se sont succédé.

Dans ces fonctions délicates, où son rôle a plus d'une fois épargné peut-être à notre Pays les périls de menaces qui tendaient à troubler la paix de l'Europe, M. le duc Decazes a donné des preuves nombreuses d'une sagacité et d'une habileté peu communes.

M. Caillaux,
Ministre des finances.

M. Caillaux (Eugène) est né à Orléans en 1824. Ancien élève de l'Ecole polytéchnique, il était ingénieur en chef des ponts-et-chaussées au Mans lorsque les suffrages de ses concitoyens l'ont envoyé à la Chambre.

Ancien ministre des travaux publics, M. Caillaux est un des hommes les plus distingués, conservateur libéral, libre-échangiste et décentralisateur.

M. le général Berthault,
Ministre de la guerre.

Berthault (Jean-Auguste), est né à Genlis (Côte-d'Or), le 29 mars 1817. Entré au service

en 1837, comme simple·soldat, dans l'espace
de sept ans il franchit tous les grades inférieurs,
et nous le trouvons capitaine en 1844, lieute-
nant-colonel en 1859, colonel en 1864, général
de brigade en 1870 et général de division en
1871.

Le général Berthault est un des officiers les
plus distingués de l'armée. Lors de la forma-
tion du ministère du 16 mai, le Maréchal-
Président n'a point voulu se priver des services de cet éminent organisateur militaire.

Nommé chevalier de la Légion-d'Honneur
le 30 septembre 1845, il a été promu officier
le 16 avril 1856 et commandeur le 17 juillet
1866.

M. le vice-amiral Gicquel des Touches,

Ministre de la marine et des colonies.

M. le vice-amiral Gicquel des Touches, né à
Brest le 10 avril 1818, est le fils d'un capitaine
de vaisseau. Il entra au service en 1832, devint
enseigne en 1838, lieutenant de vaisseau en
1843, capitaine de frégate en 1850, capitaine
de vaisseau en 1858 et contre-amiral en 1867.
M. Gicquel des Touches est un marin des plus
distingués ; il a exercé plusieurs commandè-

ments dans la Méditerranée et fut chef d'état-major de l'escadre d'évolution.

M. Brunet,
Ministre de l'instruction publique et des cultes.

M. Brunet, sénateur de la Corrèze, est âgé de 56 ans. Président du conseil général de son département, il a été en même temps conseiller à la Cour de Paris. Ses opinions sont claires et nettes. C'est un de ces hommes comme il en faudrait beaucoup.

M. Pâris,
Ministre des travaux publics.

Agé de 51 ans, M. Pâris est sans passé politique. C'est un homme d'ordre. Avocat et publiciste, docteur en droit, il a publié divers ouvrages historiques d'une certaine valeur. Avant de le juger, il faut le voir à l'œuvre.

M. le vicomte de Meaux,
Ministre de l'agriculture et du commerce.

M. le vicomte de Meaux passe pour un royaliste capable, comme tous les hommes qui ont l'amour de leur Pays, de se rallier à un gouvernement issu de la Volonté nationale. M. de Meaux est âgé de 47 ans ; il a déjà eu en main le portefeuille ministériel qu'il reprend aujourd'hui.

BESANÇON, IMPR. J. BONVALOT.

* 9 7 8 2 0 1 1 7 7 8 2 2 2 *